Sehnsucht nach Ritualen

Immer stärker nimmt uns die »Hektik des Alltags« gefangen. Die Gedanken, die dadurch in uns entstehen, lassen uns nicht zur Ruhe kommen. Der Mensch von heute lebt in einer Gesellschaft, in der die Sehnsucht, ganz Mensch zu sein, die Sehnsucht nach Reife, die Sehnsucht nach Ritualen an den Rand gedrängt werden. Ständig kreisen in unseren Köpfen Gedanken, die geprägt sind von der Schnelllebigkeit, Globalisierung, vom »ich hab doch keine Zeit«. Rituale können uns befreien und uns einen ganz persönlichen Freiraum schenken.

Ein Mensch, der in sich ruht und nicht mehr hin- und hergerissen wird von all den Bedürfnissen, die die Welt ihm täglich bietet, ist reif geworden. Er hat alles in sich vereint, ist ein ganzer Mensch geworden, fällt nicht mehr in verschiedene Rollen auseinander, sondern ist mit sich eins geworden. Diese tiefe Sehnsucht nach Reife, nach einer inneren Einheit steckt in jedem Menschen. Doch viele Menschen fühlen sich heute eher zerstückelt und innerlich zerrissen. Sie spüren, dass sie nicht selbst leben, sondern von Familie, Gesellschaft und Kirche gelebt werden.

Sich mit sich selbst aussöhnen

Für den Schweizer Psychiater und Begründer der analytischen Psychoanalyse ***Carl Gustav Jung*** ist der Mensch polar strukturiert. Wir haben in uns Liebe und Aggression, Verstand und Gefühl, Disziplin und Disziplinlosigkeit, Kraft und Schwäche. In der ersten Lebenshälfte leben wir oft einen Pol einseitig. Dann gerät der andere Pol in den Schatten, und dieser Schatten wirkt oft destruktiv auf uns.

Zur Reifung gehört, dass ich mich mit meinen Schattenseiten aussöhne, also mit den Seiten, die ich lange in mir verdrängt habe. Dazu muss ich diese Schattenseiten anschauen und ihnen eine Daseinsberechtigung geben. Denn für Jung liegt im

Schatten immer auch eine eigene Kraft, ein wesentlicher Aspekt meiner Lebendigkeit, der nicht unterdrückt werden sollte. Besonders auf unserem spirituellen Weg laufen wir oft Gefahr, uns mit einem hohen Idealbild identifizieren zu wollen – aber je höher die Ideale, desto tiefer der Schatten. Jung empfiehlt daher, wie bereits die frühen Mönche, die Demut als eine entscheidende Tugend, denn sie verlangt, dass wir unsere Schattenseiten ehrlich anschauen und uns mit ihnen aussöhnen. Auf diesem Weg zur Demut können uns Rituale helfen. Das spüren viele Menschen.

Für ***Erik Erikson***, einen amerikanischen Psychologen, gehört unter anderem zur Reife, dass ich mich auf das Wagnis der Intimität einlasse, dass ich fähig bin zu guten menschlichen Beziehungen. Voraussetzung dafür ist allerdings ein sicheres Selbstgefühl, ein Gespür dafür, wer ich selbst bin. Ohne eine klare Identität geraten wir in der Begegnung mit anderen Menschen oft in Abhängigkeit oder Hörigkeit. Von Integrität spricht Erikson, wenn es mir gelingt, dieses eine Leben, das mir gegeben ist, anzunehmen und zu gestalten und mich auf die Begrenztheit meines Lebens einzulassen.

Nur wenn ich Ja sage zu diesem einen Leben, das Gott mir geschenkt hat, werde ich an diesem Leben bewusst bauen und mich mit meinen Grenzen aussöhnen. Nur dann kann ich innerhalb dieser Grenzen das zur Entfaltung bringen, was in mir steckt. Während unserer Entwicklung hin zur inneren Reife und Selbstfindung können Rituale immer wieder entlasten, guttun, uns hilfreich zur Seite stehen: Sie helfen, unserem Leben Klarheit, Ordnung, Tiefe und Farbe zu geben und zu wertvollen Wegbegleitern zu werden.

Was sind Rituale?

Rituale sind geregelte Handlungen und Abläufe, mit deren Hilfe man sich die tiefere innere Bedeutung einer meist alltäglichen äußeren Handlung erschließen kann. Sie sind positive Gewohnheiten, die uns regelmäßig an das Wesentliche erinnern und auch den Raum dafür schaffen. Ein Ritual (im engeren Sinn) lebt von der Wiederholung in Zeit, Form und Ort. Im weiteren Sinn können Zeit und/oder Ort auch variieren, insbesondere bei »kleineren« Ritualen wie zum Beispiel das Segnen eines frischen Brotes vor dem Anschneiden.

Rituale beziehungsweise ritualisierte Handlungen gibt es seit Beginn der Menschheitsgeschichte. Sie haben zumeist eine religiöse oder kultische Ausrichtung und wurden vollzogen, um den Schutz und Beistand der Götter zu erbitten. Rituale lassen sich bereits in der Steinzeit finden. Zum einen sollten sie das Überleben – das bedeutet in der Zeit der Jäger und Sammler vor allem den Jagderfolg – sichern, zum anderen dienten Begräbnisrituale dem Übergang in eine andere Welt. Später kamen dann mit dem Beginn des Ackerbaus noch Bestell- und Ernterituale hinzu, die sich, wie zum Beispiel das Erntedankfest, bis in die heutige Zeit erhalten haben.

Rituale sind schon immer Bestandteil einer jeden Religion und Kultur. Durch sie werden diese gefestigt und erfahrbarer gemacht. Laut mehreren amerikanischen Studien sind religiöse Gemeinschaften umso langlebiger, je stärker sie von Ritualen und festgelegten Handlungen geprägt sind. In der katholischen Kirche wird der Ritualbegriff beziehungsweise der Begriff des Ritus, bezogen auf die Gesamtheit der gottesdienstlichen Formen, seit dem Mittelalter verwendet.

Es gibt zwei Formen von Ritualen: Entweder ich nehme mir bewusst Zeit für die Meditation, für das Gebet, für die Bibellesung, für eine Gebärde. Oder aber ich tue das, was ich tue, in einer ganz bestimmten Weise. Jeder von uns steht morgens auf. Die Frage ist, wie ich aufstehe, ob ich mich sofort von den Terminen bestimmen lasse oder aber von Gottes Segen. Das braucht keine Minute länger. Aber wir haben dann den Eindruck, dass der Tag uns gehört, dass wir in Verbindung mit Gott sind und dass uns das Leben Freude macht. So kann ich mir angewöhnen, täglich mit einem Bibelvers aufzustehen, etwa: »Der Herr ist mein Licht und mein Heil, vor wem sollte ich mich fürchten?« oder: »Zeige mir, Herr, deine Wege, lehre mich deine Pfade!« Da wird der Tag anders beginnen. Gott selbst führt mich mit seinem Wort in den Tag und schenkt mir die Gewissheit, dass Er alle Wege mit mir geht, dass Er mich beschützt und mich segnet, damit alles, was ich heute anpacke, selbst zum Segen für andere werde.

Rituale schenken Lust am Leben

Das Bedürfnis nach Ritualen spielt eine immer größere Rolle im Alltag der Menschen. Dabei geht es nicht nur um religiöse Rituale, sondern immer häufiger auch um persönliche Rituale, die den Alltag prägen, Rituale, die mir eine gewisse Sicherheit und Festigkeit in meinem Leben geben. Es sind individuelle Rituale, die den Blick auf Alltägliches, Banales schärfen, die uns lehren, achtsamer zu leben.

Rituale haben verschiedene Funktionen: Zum einen vermitteln Rituale ein Gefühl der eigenen Identität. Ich bin dem Leben mit seinen Zwängen nicht einfach ausgeliefert. Ich gestalte mein Leben selbst. Es ist mein Tag, den ich so beginne und beschließe. Es ist mein persönliches Leben, das ich so forme, wie es für mich stimmt. Gerade Menschen, die unsicher sind, die wenig Selbstwertgefühl besitzen, können durch gute Rituale zu sich selbst finden und die eigene Identität entdecken und spüren.

Nach ***Sigmund Freud*** haben die Rituale noch eine andere Bedeutung: Sie bannen die Angst. Jeder Mensch kennt die Angst vor dem Unbekannten, Bedrohlichen, Gefährlichen. Das immer gleiche Ritual befreit mich von dieser Angst. Es schafft mitten im Chaos und in der Undurchschaubarkeit des Lebens eine klare Ordnung. Es schenkt mir Geborgenheit und Sicherheit und drängt dadurch die Angst in mir zurück. Für ein kleines Kind ist zum Beispiel das Ritual vor dem Schlafengehen ganz wichtig. Es schenkt ihm Geborgenheit und Sicherheit und nimmt ihm die Angst vor der langen dunklen Nacht und vor der Einsamkeit der Nacht.

Die dritte Bedeutung der Rituale ist, dass sie Lust am Leben schenken. Ich habe Lust, mein Leben so zu gestalten, wie ich es tue. Ich lebe selbst, anstatt gelebt zu werden. Ich entwickle Phantasie, um meinem Leben eine Form zu geben, die mir Spaß macht. Ich habe das Gefühl, dass ich wirklich lebe, dass ich Lust an meinem Leben bekomme.

Aus vielen biblischen Geschichten, zum Beispiel der Geschichte von der Himmelsleiter (Gen 28), können wir weitere Bedeutungen der Rituale für unser Leben herauslesen:

Rituale sind etwas Handfestes. Ich nehme eine Kerze in die Hand und zünde sie an. Das Handfeste, das ich berühre, bringt mich in Berührung mit Gott. Ein Ritual bringt mich in Verbindung mit oft alltäglichen Ereignissen in meinem Alltag, und hier kann auch der Ort sein, an dem ich Gott erfahren darf. Gott wird durch ein bestimmtes Ritual begreifbar und sichtbar und lässt mich dadurch seine unendliche Liebe erfahren. Auch wenn ich manchmal das Gefühl habe, Gott sei mir fern, er lässt mich allein, kann mich ein Ritual in meinem Glauben an Gott festigen, stark machen für das wundervolle Geschenk des Lebens. Und ich darf immer wieder neu danken für dieses großartige Geschenk Gottes. Dieses Geschenk des Lebens lässt mich banale Dinge des Alltags, die Schönheit des Himmels, der Sonne neu entdecken und bewusst wahrnehmen und ich merke, wie sich mir darin Gott offenbart.

Rituale öffnen den Himmel über meinem Leben. Sie sind mehr als Gewohnheiten. Sie haben eine religiöse Bedeutung. Sie treten heraus aus den Alltagsgewohnheiten, sind viel mehr als bloßes, eingespieltes Routineverhalten. Vom Ursprung her haben Rituale oftmals eine religiöse Wurzel. Sie wollen uns zeigen, dass sich das ganze Leben im Angesicht Gottes vollzieht und dass es unsere tiefste Sehnsucht ist, diese Welt zu übersteigen hin auf das Geheimnis Gottes.

Rituale sind die Vergewisserung, dass mein Leben gelingt, dass es unter dem Segen Gottes steht. Durch das Entzünden einer Kerze beispielsweise drücke ich aus, dass Gottes Licht in meine Dunkelheit leuchtet und sein Licht viel stärker ist als alle Dunkelheit, dass seine Liebe wärmt und behütet und die Kälte dieser Welt überwindet. Durch den Vollzug eines Rituals drücke ich meinen Glauben an die Zusage Gottes aus, sodass mein Leben heil wird und ganz.

Rituale schaffen eine heilige Zeit und einen heiligen Ort. Die Zeit des Rituals gehört mir. Darüber hat niemand zu verfügen. Da kann ich aufatmen. Und da komme ich in Berührung mit dem heiligen Raum in mir, in dem Christus in mir wohnt. Mit einem Ritual nehme ich mir ganz bewusst Zeit, ich gebe meinem Tag ein eigenes Gesicht, lasse mich nicht von der Zeit bestimmen, sondern präge sie selbst. Wenn ich ein Ritual vollziehe, nehme ich mir diese heilige Zeit, das lässt mich frei atmen. Die Sorgen der Welt sind mir nicht mehr wichtig, niemand möchte in dieser heiligen Zeit etwas von mir. Diese heilige Zeit schafft mir Ruhe, ich darf teilhaben an der Sabbatruhe Gottes. Das Ritual nimmt mir all den Zeitdruck. Es ist eine angenehme Zeit, eine geschenkte Zeit, eine heilige Zeit, eine Zeit der Gnade, die ich voll und ganz genießen darf. So komme ich mit dem heilen Kern in mir in Berührung.

Rituale sind Erinnerungszeichen. Wir wissen alle, dass Gott gegenwärtig ist. Aber es braucht die Erinnerung, die Gott in unser Inneres hineinbringt. Rituale bringen das, was ich von meinem Verstand her weiß, in mein Herz. Sie erinnern mich daran, dass Gott in mir ist. Solche Erinnerungszeichen machen uns bewusst, wer wir eigentlich sind: Söhne und Töchter Gottes. Sie erinnern uns, dass Gott mit uns geht und uns auf unseren Wegen schützt und segnet. Erinnerungszeichnen öffnen uns die Augen für die Allgegenwart Gottes.

Rituale sind die Vergewisserung der zärtlichen Liebe Gottes. Indem ich die Kerze, das Kreuz, die Ikone zärtlich berühre, drücke ich Gottes zärtliche Liebe mir gegenüber aus.

Rituale schaffen Heimat. Sie geben mir ein Gefühl von Geborgenheit. Und sie geben mir Anteil an den Glaubens- und Lebenswurzeln meiner Vorfahren. Wenn wir die alten Familienrituale an Weihnachten feiern, dann ist das nicht Nostalgie, sondern gibt uns das Gefühl: Wir haben teil am Glauben unserer Vorfahren, die mit diesen Ritualen ihr Leben gemeistert haben. Wer keine Wurzeln mehr hat, der reagiert viel eher mit Depressionen auf Schwierigkeiten in seinem Leben. Die Wurzeln, an die uns die Rituale anschließen, geben unserem Leben Kraft.

Die deutsche Sprache sieht Heimat, Heim und Geheimnis zusammen. Daheim sein kann man nur, wo das Geheimnis wohnt. Nur dort ist wirkliche Heimat, wo das Geheimnis Gottes mich umgibt. In Ritualen spüre ich, dass ich nicht alleine bin.

Durch das Ritual kann ich auf Gottessuche gehen. Gott suchen heißt dabei auch, immer wieder von neuem nach ihm zu fragen. Ich darf im Ritual fragen: Ist das, was wir hier von Gott erkennen, der wahre und eigentliche Gott? Was meint das, was wir mit Gott bezeichnen?

Gott suchen verlangt dann auch ein Suchen nach authentischem Menschsein. Durch mein Suchen gerate ich auf die Spur meiner eigenen Lebendigkeit. Meine Lebendigkeit ist der eigentliche Ort der Gottesbegegnung und Gotteserfahrung. Doch was macht meine Lebendigkeit aus? Fast immer ist es etwas, was ganz fesselt, was mich in den Bann zieht, was wichtiger ist als all die kleinen Alltagsprobleme.

So kann beispielsweise ein Ritual, das mich fesselt, eine ganz bestimmte Melodie sein, bei deren Lauschen ich meine Lebendigkeit spüre und von Gott in die Tiefe, in meine Mitte geführt werde.

Das Ritual bringt mich in Berührung mit meiner Quelle von Lebendigkeit, Liebe, Freude und Schönheit. Es lässt meine Beziehungen zu anderen tiefer werden und kann so zum Segen werden für unser

Leben und unser Miteinander. Ich habe die Möglichkeit, innezuhalten und ganz bei mir zu sein.

Rituale eröffnen die Chance, Gefühle in mir zu erkennen und auch zu deuten. Gefühle, die ich sonst nie erkenne, die im Alltag verloren gehen oder oft auch missgedeutet werden. Sie laden ein, genau hinzuschauen und diesen Gefühlen Raum zu geben in meinem Leben. Durch Rituale fühle ich mich identisch mit mir selbst. Durch mein persönliches Ritual am Anfang des Tages zelebriere ich gleichsam meinen Tag und mein Leben. Dabei fühle ich, dass ich selbst lebe, anstatt gelebt zu werden. Ich empfinde und erfahre mich selbst in den Ritualen.

Rituale sind der Ort der Begegnung mit mir selbst und mit Gott. Dass dieses Licht mich in die Verheißung Gottes führt und dass mir seine Verheißung die Gewissheit bringt, dass mein Leben gelingen wird. Auch an mir wird Gott das tun, was er mir versprochen hat. Durch seinen Sohn Jesus Christus hat er mir Heil und Erlösung verheißen, und dies wird mir zuteil. Ich darf mich ganz auf ihn verlassen, darf mich ihm ganz hingeben.

Rituale sind ein konkreter Weg zu einem sinnvollen Leben. Sie bringen mich in Berührung mit mir selbst und mit meiner Mitte, mit meinem wahren inneren Kern. Ich lasse das Gefühl zu, ganz bei mir zu sein und ganz in mir zu ruhen. Dann kann ein Ritual der Ort sein, an dem ich Gott begegne.

Die Rolle von Ritualen

Für den mittelalterlichen Mystiker ***Meister Eckhart*** ist das Schweigen das Edelste, was der Mensch zu bieten hat. Rituale führen mich an den Ort des Schweigens. Nichts fordert mich mehr. In diesem inneren Ort des Schweigens, zu dem nie ein Gedanke gelangt, an dem wir nicht planen und überlegen und über andere nachdenken und sie beurteilen, an dem Ort, an dem wir aufhören, uns selbst zu bewerten. Hier tritt Gott ganz neu an mich heran, hier wird Gott in mir selbst neu geboren. Gott selbst befreit mich hier von all den Gedanken und Bildern, die ich mir übergestülpt habe. Da bringt mich Gott in Berührung mit dem unverfälschten Bild, das er sich von mir gemacht hat. Dadurch werde ich selbst, werde frei von Zwängen, mich beweisen oder erklären zu müssen.

Oft fühlen wir in uns eine Sehnsucht nach mehr Lebensqualität. Wir spüren, dass es noch mehr gibt, als das, was uns der Alltag bietet. Wir spüren, dass es einen Weg gibt, Gott zu erfahren. Dabei kommt dem Wort »Erfahrung« eine große Bedeutung zu.

Das deutsche Wort »Erfahrung« kommt von »fahren, reisen«. Wer auf die Fahrt geht, wer aus sich herausgeht, wer seinem engen Gefängnis entflieht, wer bereit ist, sich auf neue Länder einzulassen, der wird er-fahren. Ein Erlebnis der Erfahrung verlangt also eine innere Offenheit, ein Sichaufmachen, ein Achtsamwerden, ein Bewusstwerden, um Neues in sich einzulassen. Ich muss bereit dazu sein, etwas zu erfahren. Es hängt also von meiner inneren Offenheit und meiner Bereitschaft ab, mich von dem, was mir begegnet, betreffen und anrühren zu lassen. Wenn wir uns darauf einlassen und achtsam sind, führen uns die Erlebnisse, die wir auf unserer Fahrt machen, in das Geheimnis

Gottes hinein. Wir können Gott nicht durch Experimente beweisen. Aber wir können das, was wir in unserer Achtsamkeit erleben, bewusst auf das Hintergründige hin prüfen, also auf das, was durchscheint. Und dann kann manchmal Gott selbst aufleuchten.

Gotteserfahrung geschieht für ***Karl Rahner*** immer dort, wo der Mensch sich selbst radikal erfährt, wo er seiner Erfahrung von Liebe, Treue und Hoffnung auf den Grund geht. Ein Ritual kann für diese Erfahrung von Hilfe sein, denn in jeder tiefen menschlichen Erfahrung ist der Mensch auf Gott verwiesen und greift über sich hinaus in das absolute Geheimnis Gottes, das ihn umgibt. Und genau dort, wo der Mensch auf sich selbst zurückgeworfen ist und sich selbst in der Einsamkeit eines Rituals aushält, genau dort erfährt er Gott. Wenn man plötzlich hineingeworfen wird und sich seiner Freiheit und auch Verantwortung vollkommen bewusst wird und keine Ausflucht mehr zulässt, wenn es keine Entschuldigung, keine Anerkennung und keinen Dank gibt, wenn kein Beifall unterstützt, dann geschieht die Erfahrung der personalen Liebe und Begegnung, dann erlebt man ein bedingungsloses Angenommensein, obwohl sich dafür kein Grund und keine zureichende Begründung findet. Die Unbegreiflichkeit dieser Erfahrung lässt eins werden, eins werden mit der gesamten Schöpfung. Doch nicht nur eine tiefe Sehnsucht nach Gott erfüllt den Menschen, sondern zugleich umgibt uns eine Verdunkelung Gottes.

Martin Buber spricht von der Zeit der Gottesfinsternis. Da die Sonne Gottes nicht mehr leuchtet, irrt der Mensch durch die Finsternis. Doch auch diese Erfahrungen von Finsternis, die wir durch Rituale erfahren dürfen, führen uns letztlich zu Gott. In dunkler Nacht nimmt Gott selbst uns in seine Schule. Er zwingt uns, unsere Projektionen und Bilder von Gott zu unterscheiden, und läutert uns immer mehr, sodass wir nicht mehr unseren eigenen Vorstellungen von Gott nachlaufen, sondern uns dem ganz anderen Gott öffnen, der jenseits unserer Sinne ist. Immer wieder geraten wir in dieses typische Paradox, wenn wir von Gott und Gotteserfahrung sprechen. Einerseits benötigen wir Bilder von Gott, andererseits müssen wir diese aber immer wieder hinter uns lassen, um uns für Gott als dem Unbeschreiblichen und Unbegreiflichen zu öffnen.

Der heilige ***Benedikt*** hat sich vor 1500 Jahren die Frage gestellt, wie die Menschen konkret das Evangelium leben könnten. Für ihn gab es kein geistliches Leben ohne gesunde Struktur des Tages und ohne heilende Rituale. Seine Spiritualität ist eine »geerdete Spiritualität«, eine ganz konkrete Spiritualität, die sich in einer gesunden Lebensordnung ausdrückt. Er wollte mit seiner Regel zeigen, wie sich ein Leben nach dem Evangelium konkret in einer gesunden Tagesordnung, in einer klaren Struktur des Betens und des Arbeitens, in einer ausgewogenen Aufteilung in Zeiten der Stille und des Redens, der Einsamkeit und der Gemeinschaft, der Aktion und Kontemplation und in guten Umgangsformen der Mönche untereinander ausdrücken kann. Diese Regel, verbunden mit den gemeinsamen und persönlichen Ritualen, schafft eine gesunde Lebenskultur, die nicht nur denen guttut, die sie befolgen, sondern auch die Welt um sich herum positiv beeinflusst.

Für den heiligen ***Augustinus*** ist die Sehnsucht das Grundexistenzial des Menschen. Jeder Mensch sehnt sich im Grunde nach Gott, nach Geborgenheit und nach Liebe, nach wahrer Heimat, nach

Echtheit und Freiheit. Gott selbst hat uns diese Sehnsucht ins Herz gelegt. Rituale können uns zur Ruhe kommen lassen, und durch diese Ruhe können wir unseren göttlichen Wert in Gott erfahren. Wir können der Sehnsucht nach Gott über das Gebet nachgehen. Im Ritual des Betens, bei dem ich die Hände über die Brust kreuze, komme ich wieder mit meiner tiefsten Sehnsucht, die auf dem Grund meines Herzens schon da ist, in Berührung. Dann erahne ich, dass in mir eine Sehnsucht ist, die mich erst ganz zum Menschen macht, die Sehnsucht nach Gott, die Sehnsucht nach der göttlichen Liebe. Ich fühle mich dabei ganz frei.

Es gibt die schöne Geschichte »Der verlorene Stern« von Ernst Wiechert. Ein deutscher Soldat kommt aus russischer Gefangenschaft nach Hause und freut sich, endlich daheim zu sein. Nach einigen Wochen aber merkt er, dass er sich gar nicht richtig daheim fühlt. Er spricht mit seiner Großmutter darüber. Im Gespräch miteinander entdecken die beiden, dass der »Stern« in diesem Haus verlorengegangen ist, dass in diesem Hause das Geheimnis nicht mehr wohnt. Nur noch an der Oberfläche wird gelebt. Es wird geplant, gebaut, ausgebessert, man kümmert sich, dass das Leben irgendwie funktioniert. Das Eigentliche jedoch ist verloren gegangen, der Stern der Sehnsucht ist verschwunden. Dort, wo der Stern der Sehnsucht aus unserem Herzen gefallen ist, dort können wir uns auch nicht mehr zu Hause fühlen.

Viele Menschen werden heute von diffusen Ängsten gequält, die ihre Begründung oft in einem formlosen Dahinleben haben. Eines Tages wird kein Sinn mehr darin gefunden, es schleichen sich Ängste ein, Ängste, ob mein Leben gelingt, die Angst, im Leben zu versagen, die Angst, dass das Leben mich bestraft. Rituale haben hier eine wichtige Bedeutung. Auch wenn die Angst bannende Wirkung der Rituale manchmal auf magischen Vorstellungen beruht, so kann sie doch beruhigen. Bei Kindern wird dies besonders deutlich, wenn sie immer die gleichen Gute-Nacht-Rituale benötigen, um die Angst vor dem Unheimlichen und Unbekannten der Nacht zu bannen. Sie brauchen ein bestimmtes Ritual, ein bestimmtes Märchen oder Einschlaflied, das ihnen die Angst vertreibt. Nur dadurch fühlen sie sich geborgen, die Angst vor dem Bedrohlichen in der Nacht schwindet.

Für ***Carl Gustav Jung*** haben Rituale eine dreifache Bedeutung: Sie transformieren die Libido, die Lebensenergie, in geistige Energie, sie stiften Sinn, und sie haben als Teil der Religion eine heilende Wirkung auf die Seele der Menschen. Für Jung leiten Rituale die Triebenergie um in eine geistige Energie oder in den Antrieb zu Arbeit und Leistung. Sie nehmen dem Menschen die Angst vor dem, was er für sich als notwendig erachtet. Zum Beispiel hat der Mensch Angst vor der Jagd, wobei andererseits die Jagd jedoch lebensnotwendig ist. Zur Überwindung der gefährlichen Angst veranstaltet der Mensch nun einen Ritus, der die Kräfte aktiviert, die in ihm stecken, und leitet diese Kräfte auf die angestrebte Tätigkeit hin um.

Für diesen Weg der Menschwerdung nennt Jung fünf Schritte: Annehmen, Loslassen, Einswerden, Verwandeltwerden, Neuwerden. Diese fünf Schritte wird jeder durchlaufen, der sich auf den Weg zu seinem wahren Selbst macht, wobei die Reihenfolge und Intensität nicht immer dieselbe sein wird, manchmal ist das Annehmen wichtiger, ein andermal das Loslassen oder das Einswerden oder Neuwerden. Annehmen und Loslassen bilden ein Duo auf dem Weg zur Mensch- und Selbstwerdung. Was ich auch wirklich angenommen habe, kann ich auch loslassen. Das, was ich mit aller Gewalt loswerden will, bleibt an mir haften wie eine Klette. Rituale helfen mir bei diesen fünf Schritten und lassen mich die Paradoxien, die mein Verstand oft nicht annehmen kann, spüren und annehmen.

Oft glauben wir, wir könnten alles mit unserem alleinigen Willen erreichen. Wozu brauchen wir komplizierte Riten? Doch vor schwierigen Unternehmungen stellen wir oft fest, dass die Willenskraft allein nicht ausreicht. Dann greifen wir gerne zurück auf althergebrachte Bräuche und Rituale. Es braucht also nur etwas unsichere Konditionen, um die »magischen Umständlichkeiten« wieder auf ganz natürliche Weise zu beleben. Denn durch die Zeremonie werden tiefere emotionale Kräfte ausgelöst.

Die Riten besitzen auch eine heilende Kraft. Aus dem Unbewussten steigen ungebändigte und scheinbar willkürliche Kräfte empor, mit denen der Mensch allein durch Verstand und Willen nicht klarkommt. Schutz dagegen können Rituale bieten, die gleichsam als Wächter den Menschen vor den Gefahren der Psyche und insbesondere vor den selbstständig erscheinenden Mächten des Unbewussten schützen. Rituale können dabei oft wirksamer heilen als die bloße Einsicht, dass es sich bei dem Problem um nichts als Einbildung handelt.

Peter Schellenbaum beobachtet zum Beispiel in einer Gruppentherapie oder auch im Einzelgespräch, dass Menschen manchmal Spontanrituale entwickeln, die dann genau die Spur der Heilung angeben. Die Krankheit entstehe, so Schellenbaum, oft durch ganz bestimmte krankmachende Rituale. Spontanrituale zeigen an, wie krankmachende Rituale gewandelt werden können. Schellenbaum beschreibt, wie ein Mensch in einem therapeutischen Prozess eine Spur findet, die ihn zur Heilung seiner Wunden und zur Lebendigkeit und Freiheit führt.

Auch in den Ritualen unseres Alltags geht es nicht darum, dass wir uns irgendwelche Rituale überstülpen, sondern dass wir für uns persönliche Rituale entwickeln, die uns zum Leben führen. Vorgefertigte Rituale dienen dabei lediglich als Anregung für solche persönlichen Rituale. Sie können dich auf den Weg bringen, deine ureigenen Rituale zu finden, zu zelebrieren und zu entfalten.

Rituale können dir helfen, deinen Alltag, deine bisherigen Gewohnheiten zu überdenken. Vielleicht hat sich auch bei dir wie bei vielen Menschen der Fernseher als Abendritual breitgemacht – du musst nicht mehr selbst aktiv werden, du lässt dich berieseln. Doch du merkst selbst, dass dieses Konsumieren dich unzufrieden und träge macht und dein ganzes Leben beeinträchtigt. Ein Ritual oder auch ein bewusstes Musikhören und -genießen lässt dich hineinfallen in die Musik und kann dir Räume öffnen, die dir sonst verschlossen bleiben.

Rituale als Wegweiser zum Wort

Ein gesundes Ritual ist zum Beispiel das regelmäßige Gebet, vielleicht auch in Form einer Schriftlesung. Das Abendgebet beispielsweise schafft Distanz zu den Ereignissen des Tages. Ich darf meinen Ärger Gott hinhalten und lasse ihn so ein Stück los, und ich danke Gott für all das, was heute gelungen ist. So kann ich meinen Tag einfach Gott übergeben und das Gefühl, in einer Tretmühle und hin und her getrieben zu sein, loslassen. So beschließe ich den Tag wirklich, und ein neuer darf beginnen.

Ich darf im Abendgebet Gott auch um gute Träume bitten und um seine heiligen Engel, die mir im Traum sagen mögen, wie es um mich steht und was er mit mir vorhat, worauf ich achten soll und wo mögliche Lösungswege liegen.

Das muss kein großartiges Ritual sein, es reicht oft auch nur ein Innehalten, ein Dank für den Tag.

Die Gebärde der offenen Hände kann mir helfen, den Tag mit allem, was war, Gott zu übergeben.

Ein Wort aus der Bibel, zum Beispiel ein Psalm, kann zum Ritual werden. Suche dir ein Wort oder einen Satz aus der Bibel und lass diesen im Einklang mit deinem Atem in dir wirken. Beobachte dabei, was dieser Vers mit dir macht. Bedenke dabei auch, dass gerade die Psalmen Worte sind, in denen Menschen seit vielen tausend Jahren ihre Gotteserfahrungen reflektiert haben. Im Moment des Sprechens dieser Worte trittst du mit ihnen in eine Bet- und Glaubensgemeinschaft.

So ritualisiert, können Worte einen Zugang zu Gott schaffen. Einen Zugang, der dich immer näher an deinen Ursprung bringt und dir den Weg zum Geheimnis Gottes zeigt. Dem Geheimnis, dass die Energie für ein erfülltes Leben in Einklang bringt, mit allem, was ist.

Rituale der Liebe

Jeder Mensch sehnt sich danach, zu lieben und geliebt zu werden. Diese Ursehnsucht des Menschen ist jedoch immer ein Geheimnis, das die Menschen nie ganz verstehen. Jeder weiß, was Liebe bedeutet. Dennoch tun wir uns schwer, wirklich zu lieben.

Wir haben im Deutschen nur das eine Wort Liebe, um ihr Geheimnis zum Ausdruck zu bringen: die Liebe zwischen Mann und Frau, die Liebe der Eltern zu ihren Kindern, die Liebe zwischen Freunden, die Nächstenliebe, die Liebe zu sich selbst, die Liebe Gottes zu uns und unsere Liebe zu Gott.

Im Wort »Liebe« steckt der alte Wortstamm »liob«, der »gut« bedeutet. Dieses Wort steckt auch in den Worten »glauben« und »loben«. Glauben heißt: das Gute im anderen zu sehen; loben bedeutet: das Gute zu benennen und es auszusprechen; und lieben meint: gut zu behandeln, gut und wohlwollend mit dem anderen umzugehen, weil das

Gute in ihm mich anzieht und ich gute Gefühle zu ihm habe.

Die Autoren des Neuen Testamentes weisen uns in ihren Schriften einen Weg, wie wir die Liebe erfahren und wie wir die Kunst der Liebe lernen können. Sie kreisen dabei vor allem um das Geheimnis der Agape. Agape, die reine, göttliche Liebe, ist keine Forderung an den Menschen, sie ist Gabe Gottes, ja sie ist Gottes eigentliches Wesen. So gipfelt die Lehre über die Liebe im Wort: »Gott ist die Liebe, und wer in der Liebe bleibt, bleibt in Gott, und Gott bleibt in ihm.« (1 Joh 4,16)

Jeder, der liebt und Liebe erfährt, erfährt darin etwas vom Geheimnis Gottes. Gott ist von seinem Wesen her Liebe. Er liebt die Menschen. Aus Liebe hat er die Welt geschaffen, um sie mit seinen Geschöpfen zu teilen. Aus Liebe hat er seinen Sohn zu den Menschen gesandt. Wir Menschen dürfen teilhaben an der Liebe Gottes, die durch den Heiligen Geist in unsere Herzen ausgegossen ist.

Die Rituale auf den beiliegenden Karten sollen für dich ein Schlüssel sein, der dich in das Geheimnis und die Tiefe der Liebe führt, zu einem friedvollen Leben.

Der Umgang mit den Ritualkarten

Ich möchte dich, lieber Leser, liebe Leserin, einladen, einmal deinen Alltag durchzugehen und zu überlegen, welche Rituale du schon hast und auf welche Rituale du Lust hast.

Die beiliegenden Karten wollen dich zum bewussten Sein führen und dich öffnen für die Kraft, die in dir wohnt. Sie wollen dich einladen, deinen Alltag, deine bisherigen Gewohnheiten zu überdenken.

Sie sollen dir aber auch eine Anregung sein, deine eigenen Rituale zu entdecken und zu leben. Sie lassen sich ganz beliebig verändern und erweitern. Traue deinem eigenen Gefühl. Wenn dich ein Ritual besonders anspricht, wiederhole es. Wenn du spürst, dass du etwas verändern musst, um dich ganz auf das Ritual einzulassen, verändere es.

Ein Ritual oder das Einüben eines Rituals muss nicht notwendigerweise lange dauern. Wichtig aber ist, dass du wirklich bereit bist, dich ganz darauf einzulassen. Achte darauf, dass du alleine bist und nicht gestört werden kannst.

Nimm dir zum Beispiel für jeden Tag eine Ritualkarte vor und lass diese Karte dein Begleiter durch den Tag sein. Immer wenn du in eine Situation kommst, die dir vielleicht Angst macht oder unangenehm ist, hole dir in Gedanken dein Ritual für diesen Tag zurück: Du wirst spüren, dass es dich stärkt und du nach und nach deine Angst verlierst. Du fühlst, dass du durch dieses Ritual zurück zu dir selbst findest, zurück zu deiner eigenen Stärke und Zuversicht. Du spürst darin Gottes Licht und erkennst, dass dein Leben nicht so eng und so leer ist, wie du es manchmal empfindest. Sein Licht in dir will alles in dir erleuchten, heilen und mit Liebe und Hoffnung erfüllen. Deine Bereitschaft, dich auf Rituale einzulassen, führt dich Schritt für Schritt auf den Weg zu dir, auf den Weg zu Gott. Zum Einssein mit dir selbst, mit deinen Mitmenschen und mit der gesamten Schöpfung.

Die Texte und Rituale entstammen unter anderem aus folgenden Büchern von Anselm Grün:

Das Hohelied der Liebe, Münsterschwarzach 2008.

Die Kunst, erwachsen zu werden – Ein Gespräch mit jungen Menschen, Münsterschwarzach 2010.

Rituale des Alltags, Münsterschwarzacher Ruf in die Zeit, Ausgabe September 2010, Abtei Münsterschwarzach.

Die Liebe durchströmt den Leib
des Menschen und seine Seele und
verwandelt seine ganze Person.

DEN EIGENEN LEIB LIEBEN

»Liebe deinen Nächsten wie dich selbst« – der erste Teil von Jesu Gebot fällt den meisten Menschen nicht schwer, während das mit dem zweiten oft nicht so einfach ist.

Stell dich vor einen Spiegel und betrachte dich aufmerksam. Versuche, einmal nicht auf die Dinge zu achten, die dir nicht an dir gefallen, sondern das zu sehen, was du magst. Überlege auch: Was an mir ist liebenswert? Auf welche Eigenschaften bin ich stolz, was kann ich richtig gut? Dann tu deinem Leib bewusst etwas Gutes und erlaube dir, es zu genießen: ein Eis, ein Schaumbad, eine Massage, eine Runde Sport, Sauna ...

Arbeit, in selbstloser Liebe
getan, verherrlicht Gott genauso
wie das Gebet.

BEWUSST LASTEN TEILEN

»Einer trage des anderen Last«, heißt es in der Bibel. Dies zu tun, ist sicher einer der schönsten Liebesdienste, die es gibt.

Überlege einmal, wo du Menschen, die du liebst, entlasten kannst, weil sie gerade zu viel schultern müssen. Das können ganz einfache Dinge sein, zum Beispiel einer jungen Familie anzubieten, den Einkauf zu übernehmen, oder für die Freundin, die gerade eine neue Arbeit angefangen hat, abends zu kochen.

Das kann aber auch das Sitzen am Sterbebett des Freundes oder das Reden mit der Kollegin sein, die unter Burn-out leidet. Oft sind es Dinge, die für uns selbst eine Kleinigkeit sind, den anderen aber in einer schweren Situation sehr entlasten können.

Die Liebe bringt den
Menschen mit dem Guten
in sich in Berührung.

SICH ALS GELIEBT ERFAHREN

Nimm eine bequeme Sitzhaltung ein und meditiere die Zusage der Bibel: »Du bist mein geliebter Sohn, du bist meine geliebte Tochter.«

Lass diese Worte in dein Herz fallen und spüre, dass du von Gott geliebt bist, so wie du bist. Gott hat dich auserwählt, du darfst so sein, du bist bedingungslos geliebt mit allen deinen Stärken, Fehlern und Schwächen.

Bewahre dir dieses Gefühl im Herzen.

Die Liebe bewegt die
Menschen zueinander.

UM DIE LIEBE NEU WERBEN

Wenn man schon längere Zeit in einer Beziehung lebt, besteht die Gefahr, dass man nur noch nebeneinander her lebt, sich im schlimmsten Fall gleichgültig wird.

Denke einmal zurück an die Anfangszeiten eurer Beziehung: Wie hast du ihr, ihm gezeigt, dass du sie, ihn begehrenswert findest? Was habt ihr gemeinsam unternommen, wie habt ihr eure gemeinsame Zeit verbracht? Und: Warum tut ihr Ähnliches heute nicht mehr?

Überrasche deine Partnerin, deinen Partner damit, dass du wieder einmal mit Worten und Taten zeigst, wie sehr sie oder er dir gefällt, wie gerne du mit ihr oder ihm zusammen bist. Das kann auch eine Kleinigkeit sein – ein Blumenstrauß, eine Einladung zum Essen, ein gemeinsamer Kinoabend ...

Die Hoffnung ist Ausdruck
einer Liebe, die den anderen
nie aufgibt.

DER HOFFNUNG AUSDRUCK VERLEIHEN

Wenn du niedergeschlagen bist, weil dich ein Mensch respektlos behandelt hat oder weil du vom Leben enttäuscht wurdest, versuche, dem Menschen oder der Situation trotzdem in Liebe zu begegnen. Liebe heißt, das Gute im anderen sehen, das Gute in einer schwierigen Lage erkennen. Verleihe so deiner liebenden Hoffnung Ausdruck, dass sich alles wieder zum Guten wandeln kann.

Die Natur ist von Gottes Geist
und Liebe durchdrungen.

DIE SCHÖPFUNG LIEBEN

Gehe heute hinaus in die Natur und betrachte die Vielfalt der Schöpfung. Öffne dein Herz für all die Pflanzen und Tiere in ihrer Einmaligkeit und Schönheit.

Sei zärtlich zu Gottes Schöpfung: Umarme einen Baum und spüre seine raue Rinde, streichle eine Katze und fühle ihr weiches Fell, betrachte einen Schmetterling und ahne das Geheimnis seiner Verwandlung von der Raupe zum geflügelten Sommertänzer.

Lass deine Liebe hin zu allen Geschöpfen strömen und spüre gleichzeitig die Verantwortung, die auch du dafür trägst, dass sie erhalten bleiben.

Damit das Miteinander
gelingt, braucht es die Bereitschaft,
den anderen in Liebe
zu ertragen.

GEDULD ÜBEN

Manchmal ist es gar nicht so einfach, unsere Mitmenschen mit all ihren Ecken und Kanten zu ertragen.

Wenn dich heute jemand ärgert oder aufregt, dann versuche einmal, einen Schritt zurückzutreten von deinen Gefühlen und den anderen Menschen als jemanden zu betrachten, der geliebt werden möchte und selbst auch liebt.

Mach dir bewusst, dass er dich nicht mit Absicht ärgert. Lass all die Liebe, die du aufbringen kannst für diesen Menschen, zu ihm hinfließen.

Wenn es dir gelingt, ihn nicht im Zorn, sondern mit den Augen der Liebe anzuschauen, wirst du einen Gleichmut spüren, der dir hilft zu leben – und dich selbst als jemanden zu sehen, der für andere ganz sicher auch Ecken und Kanten hat.

Humor ist die liebende
und gelassene Annahme
des Alltäglichen.

DIE WELT LIEBEN

Versuche immer mal wieder, die Welt nicht ganz so ernst zu nehmen und sie stattdessen zu lieben, wie sie ist. Es regnet? Na und? Streck dem Regen die Zunge heraus und plantsche in den Pfützen. Du hast die Bahn verpasst? Macht nichts, dann hast du länger Zeit, in deinem Buch zu lesen. Die Bedienung im Café ist schrecklich unfreundlich? Dann gib ihr was zu lachen!

Lachen und lächeln hilft so oft, aus einem schweren Tag einen fröhlichen werden zu lassen. Lass dich anstecken von der Liebe zum Leben – und wenn möglich, nimm dich selbst nicht ganz so ernst.

Segensworte öffnen einen Raum
des Lebens und der Liebe.

SEGNEN

Jeder Mensch kann segnen. Segnen ist eine ganz einfache Form, anderen Menschen Gutes zuzusprechen, ihnen Gutes zu wünschen und sie unter Gottes Schutz zu stellen.

Erhebe am Morgen oder am Abend deine Hände und öffne die Handflächen nach oben. Formuliere Worte des Segens für einen geliebten Menschen und sprich sie laut aus.

Wenn dir das schwerfällt, dann bete in Stille und stell dir all die Menschen vor, denen du deine Liebe zufließen lassen möchtest.

Beschließe das Gebet, indem du die Arme vor der Brust kreuzt und dich verneigst – vor Gott und den Menschen, die dir am Herzen liegen.

Das Kind in der Krippe
bringt die Liebe Gottes auch in
die Armut unseres Herzens.

LIEBE WÄCHST, WENN MAN SIE VERSCHENKT

»Liebe ist das Einzige, das wächst, wenn wir sie verschwenden« – vielleicht kennst du dieses Zitat von Ricarda Huch?

Versuche heute einmal, etwas davon zu leben, und »verschwende« deine Liebe an alles und alle, die dir begegnen. Sieh sie mit den Augen der Liebe an, gib von dem, was du in deinem Herzen trägst an Liebe. Lass andere spüren, dass du sie magst. Schenk ihnen ein Lächeln, eine zärtliche Geste, deine liebevolle Unterstützung.

Überlege am Abend: Was spüre ich jetzt in meinem Herzen? Wie habe ich diesen Tag empfunden, was ist mir alles begegnet, wo habe ich Zeichen der Liebe entdeckt, die ich vorher nicht sehen konnte?

Liebevolle Worte können
in den Menschen Leben wecken.

MENSCHEN LIEBEVOLL BEGEGNEN

Bemühe dich, allen Menschen ohne Vorbehalte, liebevoll und mit deiner ganzen Aufmerksamkeit zu begegnen.

Gib keine vorschnellen Antworten, sondern versuche, aus ihren Worten herauszuhören, was sie wirklich benötigen, was sie jetzt aufhellen und glücklicher machen könnte.

Gehe darauf ein und sprich deinem Gegenüber wertschätzende und ermutigende Worte zu.

Beliebigkeit ist
der Tod der Liebe.

DIE LIEBE ERNEUERN

Über die Jahre gewöhnen wir uns oft so an unseren Partner, dass wir ihn manchmal gar nicht mehr als unseren Geliebten, unsere Geliebte wahrnehmen.

Gerade der Hochzeitstag oder der Tag, seit dem ihr ein Paar seid, bietet eine gute Gelegenheit, dem Partner, der Partnerin wieder einmal die Liebe zu erklären.

Plant diesen besonderen Tag ganz bewusst nur für euch zwei. Nehmt euch Zeit, um ungestört sein zu können, ob nur ein paar Stunden bei einem außergewöhnlichen Abendessen, bei einem gemeinsamen Tagesausflug oder vielleicht sogar übers Wochenende. Zelebriert eure Liebe mit Geist und Leib.

Zusätzlich könnt ihr euch ein Versprechen ausdenken, das ihr jedes Jahr zu diesem Tag erneuert.

Jeder, der sich geliebt fühlt,
spürt einen Sinn in seinem Leben.

KLEINE ZEICHEN DER LIEBE

Oft sind es die kleinen Dinge, die uns am meisten freuen, weil wir darin spüren: Es sind kleine Zeichen der lebendigen Liebe.

Überlege, wie du im Alltag deinem Partner, deiner Partnerin immer neu deine Liebe zeigen kannst.

Überrasche sie beispielsweise mit einem selbstgebackenen Kuchen am Sonntagmorgen oder verstecke ihm kleine Liebesbotschaften in der Wohnung, wenn du für eine Weile nicht zu Hause bist.

Lade ihn zu einem Spaziergang an den Fluss ein und lasst gemeinsam die Beine ins Wasser baumeln oder bügle den Wäscheberg weg, während du sie auf die Couch zum Ausruhen schickst.

Lies ihr jeden Abend ein Kapitel aus ihrem Lieblingsbuch vor – oder welche Ideen kommen dir noch?

Die Liebe öffnet die Augen
für die Wahrheit.

IN LIEBE DIE WAHRHEIT SAGEN

Gibt es in deinem Umfeld jemanden, der dir sehr am Herzen liegt, bei dem du aber spürst, dass er sich eine Scheinwelt aufgebaut hat oder bewusst die Augen vor einer Wahrheit verschließt?

Bitte diesen Menschen um ein Gespräch. Überlege dir vorher genau, was du ihm liebevoll und möglichst ohne ihn zu verletzen sagen kannst.

Achte darauf, dass er nicht den Eindruck hat, du wolltest ihm sagen, wie er »richtig« zu leben hat, und mach ihm deutlich, dass du ihm nicht wehtun willst, sondern dir wirklich viel an seinem Glück gelegen ist.

Versuche, auch in der Folgezeit für diesen Menschen da zu sein, wenn er dich braucht. Manchmal bedeutet Liebe auch, einem Menschen unbequeme Wahrheiten zu sagen.

Die größte Gabe
ist die Fähigkeit zu lieben.

DANKBARKEIT VERTIEFT DIE LIEBE

Dankbarkeit ist eine echte Gabe. Überlege einmal, wofür du in deinem Leben dankbar bist, dankbar sein kannst. Vielleicht möchtest du das aufschreiben, weil es einen selbst oft verblüfft, wie reich man eigentlich vom Leben beschenkt ist.

Spüre auch nach, welchen Menschen du dankbar bist und wofür.

Lege dann die Hand auf dein Herz und verbeuge dich einmal vor all dem und denen, die du dann in deinem Herzen spürst. Sag den Menschen, die dir dabei in den Sinn kommen, bei nächster Gelegenheit Dank für ihre Liebe, ihre Freundschaft, ihre Begleitung ...

Sie werden sich sicher sehr darüber freuen.

Die Liebe ist wie ein Wunder
in der Härte und Nüchternheit
in unserer Welt.

GASTFREUNDLICH SEIN

Gastfreundschaft ist ein großes Zeichen der Liebe zum Mitmenschen – und muss nicht immer in den eigenen vier Wänden gelebt werden.

Überlege dir, wer in deiner Umgebung wirklich bedürftig ist. Dazu zählen diejenigen, die mit einem Minimum an Geld auskommen müssen, aber auch solche, die allein und einsam sind, und die dringend die Gesellschaft anderer brauchen.

Überlege dir nun, wie du, vielleicht einmal im Monat, dein Haus für diese Menschen öffnen kannst oder wie du Gastfreundschaft leben kannst, indem du ehrenamtlich tätig wirst: im Besuchsdienst im Altenheim, bei der »Tafel«, aber vielleicht auch in der Nachbarschaftshilfe, der Kinderbetreuung ...

Es ist ein wunderbares Bild,
dass Engel uns auf ihren
Händen tragen, damit wir uns
von Gottes liebender Nähe
getragen wissen.

SICH IN DIE LIEBENDE HAND GOTTES FALLEN LASSEN

»Du kannst nicht tiefer fallen als in Gottes Hand« – dieses Lied aus dem Gesangbuch kennen viele, und es bietet vielen Menschen Trost und Halt, wenn sie schwierige Lebensphasen durchleben.

Meditiere dich in diesen Satz hinein und spüre die Geborgenheit, die er vermittelt, das Aufgefangensein, die Liebe, die Gott seinen Geschöpfen schenkt. Vielleicht kann er dir zum Gebet in ausweglosen Situationen werden und dir helfen, auch schwere Enttäuschungen durchzustehen.

Das Wissen um Gottes liebende Nähe lässt unsere Wunden nicht verschwinden und macht auch den Schmerz nicht weniger schlimm, aber er gibt uns Hoffnung, dass wir nicht ins Leere fallen und dass wir beschützt sind.

Das Tun der Liebe
reinigt das Herz.

TREUE HALTEN

Lade heute deinen Partner, deine Partnerin dazu ein, euch ein Treueversprechen zu geben oder euer Trauversprechen zu erneuern. Wählt eine Zeit und einen Ort, an dem ihr ungestört seid, und sagt es euch gegenseitig zu. Dazu könnt ihr die Worte des Trauversprechens wiederholen, euch aber auch selbst ein Versprechen überlegen, das mit eigenen Worten ausdrückt, was euch dabei wichtig ist.

Habt dabei vor Augen: Jemandem die Treue zu halten, umfasst viel mehr als nicht fremdzugehen. Besonders in schweren Zeiten kann das helfen, dem anderen zu zeigen, dass man für ihn da ist, »in guten und in schlechten Tagen«.

Das ewige Leben wird
ein Leben der Liebe sein.

DEN TOD UMARMEN

Der Tod trennt uns radikal von den Menschen, die wir geliebt haben. Wir können sie nicht mehr berühren und mit ihnen sprechen. Dennoch gibt es etwas, was den Tod überdauert und stärker ist: die Liebe.

Zünde eine Kerze an und erinnere dich an all die Menschen, die du geliebt hast und die schon gestorben sind. Spüre, wie sich dein Herz mit Trauer füllt, aber auch mit der Liebe, die du immer noch in dir trägst.

Führe ein Gespräch mit den Toten: Erzähle ihnen, warum du sie so geliebt hast, und höre, welche Antworten du in deinem Herzen finden kannst. Wenn das Gespräch verstummt, lege deine Hände aneinander und verneige dich vor der Kerze, stellvertretend für jene, die du im Herzen trägst.

Wenn Gottes Liebe in dir wohnt, dann kannst du wahrhaft bei dir zu Hause sein.

SICH SELBST LIEBEVOLL ANNEHMEN

Es ist nicht immer leicht, sich selbst mit all seinen Schwächen und Unzulänglichkeiten zu lieben. Dazu kann dir folgende Übung helfen:

Setze dich an einen Ort, an dem du dich wohlfühlst und stelle dir vor, dass Gottes heilende und liebende Gegenwart dich umgibt. Halte alle Unsicherheit, dein Misstrauen, deinen Mangel an Selbstwertgefühl, deine Ängste dem liebenden Gott hin. Du bist ganz und gar von Gott angenommen.

Der Glaube an Gottes bedingungslose Annahme kann dir helfen, dich selbst auch ohne Bedingung anzunehmen.

Die Liebe ist etwas Göttliches, etwas, das von Gott stammt und das selbst Gott ist.

DIE LIEBE SUCHT NICHT DEN EIGENEN VORTEIL

Oft ist unsere Liebe mehr von der Kategorie des Habens bestimmt als von der des Seins. Das meint: Wir verstehen Liebe so, dass sie den anderen zu unserem Besitz macht.

Wahre Liebe bedeutet aber, einen Menschen um seiner selbst willen zu lieben – auf die Gefahr hin, dass das auch heißen kann, ihn gehen lassen zu müssen.

Überlege einmal, wo du zu deinem eigenen Vorteil liebst, wo du etwas davon hast, vielleicht auch, wo deine Liebe einen anderen Menschen unfrei macht, weil du ihn als deinen Besitz ansiehst.

Versuche nun, ihn in Gedanken loszulassen, ihn sein zu lassen, ihn frei zu geben. Vielleicht kannst du nun spüren, dass dies auch dich selbst befreit.

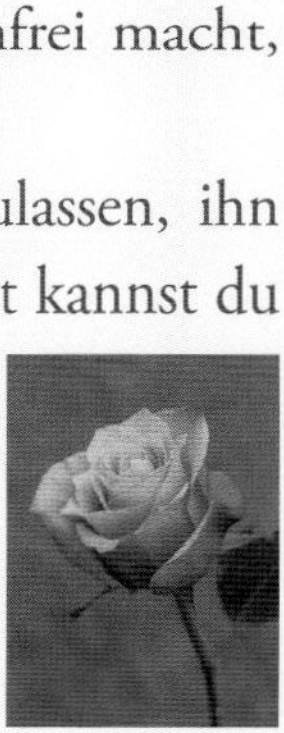

Liebe rechnet die Schuld
nicht an, sondern lässt sie
bedeutungslos werden.

Enttäuschte Liebe überwinden

Setze dich an einen Ort, an dem du dich geborgen fühlst. Lass vor deinem inneren Auge all die Erfahrungen von Liebe vorbeiziehen, gerade auch die Enttäuschungen und Verletzungen, die du erfahren hast. Lass all diese Erfahrungen zu, ohne sie zu bewerten und ohne sie festzuhalten.

Stelle dir vor, dass in dir eine Quelle der Liebe ist, die niemals versiegt – die Quelle der Liebe Gottes. Genieße diese Liebe auf dem Grund deiner Seele und traue ihr.

Lass nun diese Liebe zu allem hinströmen, was dich umgibt. Dann kannst du erahnen, was Paulus meint: Die Liebe »erträgt alles, glaubt alles, hofft alles, hält allem stand. Die Liebe hört niemals auf«. (1 Kor 13,7f)

Der göttliche Funke
der Liebe steckt in jeder
menschlichen Liebe.

EINE KERZE ALS SYMBOL UNSERER LIEBE

Zu Beginn einer Liebe spüren wir es fast körperlich, wie sie in uns brennt, wie wir für den anderen »entflammt« sind. In der Flamme steckt aber noch mehr von der tiefen Symbolik der Liebe: Sie wärmt uns, wir wärmen uns am anderen. Wir sind einander Licht auf dem Weg und eine Leuchte in der Nacht, wenn die Angst kommt.

Zünde gemeinsam mit deinem Partner in Stille eine Kerze an und meditiere dich gemeinsam mit ihm in die Flamme als Symbol eurer Liebe hinein.

Nehmt euch anschließend Zeit, um darüber zu sprechen. Vielleicht entdeckt ihr gemeinsam ganz neue Aspekte eurer Liebe.

Dem, der viel liebt,
wird viel vergeben.

VERGEBEN

»Liebt eure Feinde«, hat Jesus gesagt. Das ist eine schwierige Forderung, aber ein erster Schritt dorthin ist, den Menschen zu verzeihen, die uns verletzt haben.

Setze dich an einen Ort, an dem du dich wohlfühlst. Rufe dir all die Menschen ins Gedächtnis, von denen du dich noch immer verletzt fühlst. Nun versuche sie einmal als Menschen, nicht als Feinde zu sehen, die Fehler machen, die anderen Wunden zufügen, oft auch unabsichtlich – so wie du auch.

Probiere nun aus, wie es wäre, ihnen zu vergeben. Denk an sie mit Liebe im Herzen, und wenn das nicht geht, dann zumindest mit Verständnis.

Vergeben ist etwas, was nicht nur die heilt, die dich verletzt haben, sondern gerade auch dich selbst.

Der Mensch weiß in seiner
Seele schon von der Kraft der Liebe,
ehe er sie erfahren hat.

MEIN SCHATZ

»Du bist ein Schatz!«, sagen wir zu einem Menschen, den wir lieben. Und oft meinen wir es genau so, weil der andere nicht nur unser Leben bereichert, sondern uns auch unendlich kostbar ist.

Meditiere dich in dieses Bild des Schatzes hinein. Notiere dir auf einem Blatt, warum dir ein anderer Mensch so wertvoll ist, welchen Reichtum er in dein Leben bringt.

Gestalte eine Karte (vielleicht auch mit einem Bild von dir und dem anderen): Schreibe auf die Vorderseite: »Du bist mein Schatz, weil ...« und auf die Rückseite einen kleinen Text, in dem du ihm sagst, was du an ihm so schätzt. Überreiche ihm die Karte oder schick sie ihm per Post. Sammle diese Schätze in deinem Herzen!

Das Wort der Liebe bringt
den Freund zum Leben.

ICH SCHENKE DIR ZEIT

Liebe kann man ganz unterschiedlich ausdrücken – zum Beispiel indem man bewusst Zeit verschenkt.

Überlege, mit welchen Menschen du gerne zusammen bist, für die du aber oft zu wenig Zeit hast. Bedenke dabei vielleicht auch, wer es im Augenblick am nötigsten hätte, dass du ihm deine Zeit schenkst. Verabrede dich nun und nimm dir ganz bewusst einen Tag, einen Abend Zeit für das, was der andere sich mit dir wünscht.

Wenn dein Terminkalender gerade sehr voll ist ist, dann verschenke Zeit für ein gemeinsames Mittagessen, eine Stunde »Feierabendgespräch« auf der Terrasse oder nimm dir Zeit, den anderen zu einem Termin zu begleiten, der ihm unangenehm ist oder Angst macht.

Oft ist das für Menschen wichtiger als alles, was du ihnen an Materiellem geben könntest.

Das Wesen der Liebe besteht
darin, sich ganz hinzugeben.

SICH DER LIEBE HINGEBEN

Wenn du mit einen geliebten Menschen zusammen bist, komme mit deinen Gedanken zur Ruhe und konzentriere dich ganz auf ihn. Nimm ihn an, wie er ist, mit allen seinen Unzulänglichkeiten.

Nimm seinen Atem wahr, seine kleinsten Bewegungen, spüre das Band der Liebe, das euch verbindet.

Dieses Ritual eignet sich auch gut als Ritual mit einem Partner.

Der Gott des Lebens
ist zugleich auch der Gott
der Liebe.

DIE LIEBE IST FRIEDLICH

Gandhi sagte einmal sinngemäß, dass er für die Aggressionen seines Feindes verantwortlich sei, weil er ihn offensichtlich mit seinem Verhalten reize. Also müsse er sein Verhalten ändern, um mit dem anderen in Frieden leben zu können.

Überlege, welche Aggressionen du in dir fühlst. Dann spüre nach, wo du mit deinem Verhalten vielleicht anderen Grund gibst, sich zu ärgern.

Stelle dir nun vor, dass du deine eigenen wie die fremden Aggressionen in die Liebe einhüllst, die du in deinem Herzen trägst.

Das meint nicht, sie zu verdrängen, sie aber mit einer anderen Geisteshaltung, der des Friedens und der Liebe, anzuschauen. Fühle in dich hinein, ob sich dadurch etwas in dir verändert.

Die Bilder der Krippe
zeigen mir Gottes zärtliche Liebe.

Kinder sind ein Geschenk des Himmels

Kinder sind im wahrsten Sinn des Wortes menschgewordene Liebe.

Nimm dir einmal bewusst ein Wochenende Zeit für sie. Wenn du selbst Kinder hast, dann frag sie, was sie sich als gemeinsame Unternehmung wünschen.

Es geht nicht um große Dinge, sondern darum, gemeinsam Zeit zu verbringen und sich einmal nicht vom »Muss« des Alltags bestimmen zu lassen. Das kann auch ein Regentag zu Hause sein, an dem das Wohnzimmer zum Piratencamp umgestaltet wird.

Wenn du keine eigenen Kinder hast, dann plane ein Wochenende mit deinem Patenkind oder den Nachbarskindern, den Kindern deiner Freundin.

Schenke ihnen deine Aufmerksamkeit und du wirst dich wundern, was du alles zurückbekommst.

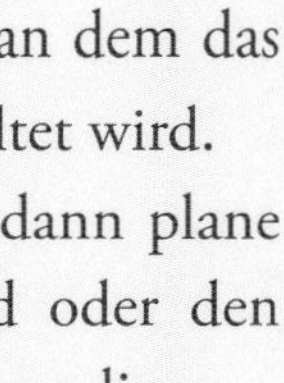

Die Liebe traut dem
anderen alles zu. Sie hat
Vertrauen in ihn.

LIEBEN HEISST VERTRAUEN

Ohne Vertrauen kann die Liebe nicht leben. Dazu gehört, sich dem anderen zu öffnen und sich damit verletzlich zu machen – und ihm dennoch zuzutrauen, dass man nicht verletzt wird.

Nimm dir gemeinsam mit deinem Partner, deiner Partnerin Zeit und suche dir einen Ort, an dem ihr etwas Platz habt. Verbinde nun deinem Partner, deiner Partnerin die Augen und lass ihn oder sie mit ausgebreiteten Armen im Raum stehen.

Bitte sie oder ihn nun, sich »blind« rückwärts in deine Arme fallen zu lassen und fange sie oder ihn dann sicher auf. Dann tauscht die Rollen. Wie fühlt sich das an? Fällt es beiden gleich leicht oder schwer, sich fallen zu lassen? Sprecht darüber, was alles für euch zum Vertrauen dazugehört.